Es gibt kein besseres **Mitbringsel,**

als ein Glas selbst gemachte Köstlichkeit!

made by GLASGEFLÜSTER

KREATIV-UNGEWÖHNLICHE REZEPTIDEEN VON MARMELADE BIS PESTO

Glasgeflüster

Vorwort

///// Schon als Kind liebte ich es, in unseren Keller hinunterzugehen und vor den gefüllten Regalen zu stehen. Es war wie ein kleiner Supermarkt in unserem Keller – alles stand da: süße Marmeladen, knackige Gurken, klebriger Sirup, würzig eingelegter Kürbis. Alles in Gläschen, Töpfchen und Flaschen. Bereit zum Vernaschen. Wenn ich runtergehen sollte, um eine dieser Köstlichkeiten hochzuholen, dann habe ich immer gedacht: »Wie toll, ich muss gar nichts dafür bezahlen – ich kann es einfach aus dem Regal nehmen. Alles das hier hat Mama selber gemacht.«

Nach und nach durfte ich dann mit meiner Mutter zusammen Dinge ins Glas bannen. Und hatte einen Riesenspaß daran. Und als ich dann auszog, ging es weiter. Als liebstes Gastgeschenk bringe ich noch heute eine Flasche Holunderlikör oder ein Glas Gurkenrelish mit. Jeder freut sich über ein Geschenk aus der eigenen Küche, weil es einfach etwas Besonderes ist. Und alle ganz engen Freunde wissen schon, dass es sich lohnt, das leere Gläschen aufzubewahren und mir zurückzugeben – denn es steigert die Chancen, es dann irgendwann neu befüllt wiederzubekommen … So gerne würde ich mehr Menschen nahebringen, wie schön es ist, seine eigenen Schätze in durchsichtige Behältnisse zu verpacken und haltbar zu machen. Bitte, Leute, fangt an, mehr einzumachen!

Es ist nicht nur eine tolle Resteverwertung (wer hat nicht schon mal ein paar Kirschen zu viel gekauft oder benötigte von der Gurke nur die Hälfte?), sondern auch all die, die mit einem eigenen Garten und somit mit eigener Ernte gesegnet sind, werden mir zustimmen: Es ist einfach zu viel, um alles sofort selbst essen zu können. Wie wär's, wenn Sie einfach anfangen, Ihre leeren Marmeladengläschen aufzuheben? – Ab sofort werden sie selbst gefüllt! Und auch diese hübsche Schnapsflasche da, warum setzen Sie nicht einen leckeren Likör darin auf? Also, hopphopp – worauf warten Sie noch, schwingen Sie den Kochlöffel!

In diesem Sinne wünsche ich Ihnen viel Spaß in der Küche und guten Appetit beim Genießen all Ihrer selbst gemachten Leckereien!

Ihre Britta Glasgeflüster

Ein paar Basics

///// Ich möchte Sie nicht mit allzu viel Theorie langweilen, aber ein paar grundlegende Dinge würde ich Ihnen gerne noch erzählen, bevor wir mit den leckeren Rezepten anfangen.

Was man so braucht Eine Grundausstattung zum Einmachen ist bei mir inzwischen eingezogen – die meisten Dinge sind relativ günstig zu bekommen. Vielleicht können einige speziellere Gerätschaften wie Einkochautomat oder Dampfentsafter auch erst einmal von Verwandten, Nachbarn oder Freunden geliehen werden, um auszuprobieren, ob sie für Sie ebenfalls sinnvoll erscheinen.

GLÄSER UND FLASCHEN

Für das **klassische Einkochen** (»Einwecken«) benötigt man Gläser, die mit Gummiringen, Deckeln und Klammern verschlossen werden. Inzwischen haben sich diese Gläser auch schon als Deko-Objekt etabliert, also muss man beim Kauf darauf achten, dass die Ringe wirklich aus Gummi bestehen (nicht aus Plastik) und damit hitzebeständig sind.

Für Marmeladen und Chutneys oder andere Dinge, die nur **heiß eingefüllt** werden, nutzt man Twist-off-Gläser, die mit einem einfachen Schraubdeckel verschlossen werden. Dieser muss sauber und unversehrt sein, ansonsten kann sich durch das Abkühlen kein Vakuum bilden und der Inhalt verdirbt schnell.

Flaschen gibt es mit Bügel- oder Twist-off-Verschluss, aber auch mit Glasdeckeln, Gummiringen und Klammern. Hier geht man genauso vor wie bei den Gläsern: Sollen die Flaschen laut Rezept mit Inhalt eingekocht werden, dann die Letzteren verwenden, nur heiß Eingefülltes gehört in Twist-off-Flaschen.

Flaschen und Gläser sollten vor der Verwendung wirklich sauber sein. Um sicherzugehen, sollte man die Behältnisse **sterilisieren.** Ich habe bei meiner Geschirrspülmaschine eine Funktion zum Sterilisieren von Babyfläschchen, die ich dafür nutze – Gold wert! Andernfalls kocht man die Gläser, Flaschen und Deckel einfach in kochendem Wasser aus, lässt alles auf einem sauberen Geschirrtuch trocknen und bewahrt es trocken und geschützt bis zur Verwendung auf. Die Gummiringe zum Einkochen sollten vor der Verwendung in etwas Wasser mit einem Schuss Essig aufgekocht werden. Nach zwei Minuten sprudelndem Kochen gieße ich das Wasser ab, fülle den Topf mit klarem, kaltem Wasser und lasse die Ringe dort drin, bis ich sie eine kurze Zeit später verwenden möchte. Dann lasse ich sie kurz abtropfen und verwende sie im feuchten Zustand.

Glasgeflüster **Leckere süße und pikante Köstlichkeiten einzumachen, ist eigentlich ganz einfach.**

PÜRIERSTAB

Diese gibt es in allen Formen, Farben und Leistungsstufen. Ich kann nur empfehlen, ein bisschen mehr Leistung zu wählen, damit er auch mal etwas stärkere Pürierjobs leicht meistert. Mit dem Pürierstab kann man Marmeladen von ihren Stückchen befreien oder auch Ketchup zu einer samtigen Konsistenz verhelfen.

TRICHTER

Da die Ränder von Gläsern und Flaschen unbedingt sauber gehalten werden müssen, damit die Deckel richtig schließen, empfehle ich, mindestens zwei Trichter in der Küche zu haben: einen ganz normalen, in den man Flüssigkeiten gießt (gerne mit einem kleinen Sieb in der Einfüllvorrichtung, sodass eventuell vorhandene kleine Stückchen nicht in die Flasche gelangen können) und einen mit breiterer Öffnung für breiiges und stückiges Einkochgut.

TÜCHER

Es klingt lächerlich, aber das ist einer meiner meist gemachten Fehler. Alles muss schnell, schnell gehen, wenn Marmeladen oder Chutneys fertig sind, denn sie sollen ja kochend heiß ins Glas und gleich zugeschraubt werden, damit sich das Vakuum gut bilden kann. Was allerdings, wenn dann etwas vom Einkochgut auf den Rand kommt? Man rennt wie ein aufgeschrecktes Huhn in der Küche herum und sucht etwas Sauberes, um den Rand zu reinigen. Daher: Schon am Anfang des Kochvorgangs ein Küchenpapier oder sauberes Küchenhandtuch an einer Seite befeuchten und parat liegen haben, damit man den Rand zuerst feucht, dann mit der anderen Seite trocken reinigen kann.

KAFFEEFILTER

Um meine Liköre abzuseihen, verwende ich persönlich einen Porzellan-Kaffeefilterhalter und ganz normale Kaffeefilter. Damit bekommt man die meisten Schwebestoffe aus den Likören und sie werden schön klar. Wer nicht so lange warten möchte (ja, das dauert eeeewig!), kann es auch mit einem sauberen Mulltuch oder einem haarfeinen Sieb probieren – der Likör wird dann allerdings etwas trüber.

FLOTTE LOTTE

Dieses Gerät besteht aus einer Kurbel und einem Sieb (im Idealfall mehrere mit verschiedenen Feinheiten), durch das man Frucht- oder Gemüsemus passieren kann. So bekommt man zum Beispiel Reste von Tomatenschalen aus der Tomatensauce oder kleine Kernchen aus der Himbeermarmelade.

GEWÜRZMÜHLE

Ich verwende zum Mahlen verschiedener getrockneter Kräuter oder auch von Senfsamen zur Senfherstellung eine einfache elektrische Kaffeemühle. Sie bekommt die Gewürze schön gleichmäßig fein und man hat keinen Staub davon herumfliegen. Zur Not kann man darin aus einfachem Zucker übrigens auch Puderzucker zaubern! Um die Mühle zu reinigen, gebe ich etwa zwei Esslöffel trockenen Reis in die Mühle und mahle diesen fein. Wenn man diesen Staub dann mit einem trockenen Lappen auswischt, sind alle eventuell noch vorhanden gewesenen Reste mit dabei und ist die Mühle auch neutralisiert hinsichtlich etwaiger Gerüche.

TÖPFE

Am besten sollte der Topf zum Kochen immer etwas höher gewählt werden. Gelees und Marmeladen genauso wie die Lake für Pickles haben nämlich die Angewohnheit, recht hoch aufzuschäumen und dann den gesamten Herd zu verkleben, wenn sie über den Rand des Topfes laufen.

DAMPFENTSAFTER

Zur Herstellung von Gelees benötigt man meistens Fruchtsaft. Um diesen zu gewinnen, benutze ich einen ganz einfachen Dampfentsafter, der aus drei Teilen besteht: einem unteren Teil, in den Wasser eingefüllt wird – hier bildet sich der Dampf. Einem mittleren Teil mit einem Auslass und einem Gummischlauch daran, um den Saft aufzufangen. Und einem oberen Teil mit Siebboden, in den das zu entsaftende Obst gegeben wird. Alternativ gibt es auch Dampfentsafter-Aufsätze für den Einkochtopf zu kaufen, dann spart man sich ein zusätzliches Gerät.

Wer sich noch nicht ganz sicher ist, ob er ein solches Gerät anschaffen möchte, gibt die Früchte zusammen mit wenig Wasser in einen normalen Kochtopf, kocht sie auf und passiert alles durch einen Kaffeefilter, ein sehr feines Sieb oder ein Mull- bzw. Passiertuch, um Pflanzenreste, Schalen und Kerne zu entfernen. Auch auf diese Weise kann man heißen Saft zum Herstellen von Gelee gewinnen.

EINKOCHAUTOMAT

Ich persönlich empfehle, das Einkochgut immer in einem speziell dafür vorgesehenen Einkochautomaten einzukochen. Meiner Meinung nach ist das die korrekteste und sicherste Art und Weise des Haltbarmachens. In diversen Büchern, Internetforen und -blogs findet man Erläuterungen, wie man es im Backofen, Schnellkochtopf oder Geschirrspüler (ja – nicht lachen!) handhaben kann, das ist also ebenfalls möglich. Ein Einkochautomat hat eine Zeitschaltuhr und einen Temperaturregler, die ermöglichen, genau einzustellen, wie lange das Einkochgut bei welcher Temperatur eingekocht werden soll. Er misst die Zeit erst, wenn die gewünschte Temperatur erreicht ist, und schaltet nach dem Einkochvorgang aus. So kann man sich in dieser Zeit ganz anderen Dingen widmen (wie zum Beispiel dem Beseitigen des Chaos in der Küche …).

EINKOCHZANGE

Wenn man öfter im Wasserbad einkocht, egal, ob auf dem Herd im Topf oder in einem Einkochautomaten, dann lohnt sich die Anschaffung einer breiteren Zange, mit der man die Gläser aus dem heißen Wasser heben kann. Die Gläser sind wirklich verdammt heiß, wenn der Einkochvorgang beendet ist …

DÖRRAUTOMAT

In diesem Gerät kann man mit relativ geringem Energieaufwand Obst oder Gemüse über längere Zeit trocknen. Selbstverständlich kann man das Ganze auch im Backofen tun – dafür benötigt man eine geringe Hitze (50–80 °C) und lässt die Backofentür leicht geöffnet, damit die Feuchtigkeit entweichen kann. Wenn Sie merken, dass Sie diese Methode öfter nutzen, dann investieren Sie der Umwelt zuliebe in einen Automaten.

Wie ein eigener kleiner Supermarkt im Keller. Nur weiß man, was alles drin ist.

Interessantes
rund ums Einmachen

///// Bei den Rezepten finden Sie fast immer einen kleinen Tipp von mir – vielleicht hilft Ihnen der eine oder andere. An dieser Stelle möchte ich jedoch noch ein paar allgemeine Informationen rund ums Thema Einmachen geben.

Senf Wenn Sie Senf selbst herstellen, müssen Sie sich ein wenig in Geduld üben. Ihn direkt nach der Herstellung zu probieren, ist keine gute Idee! Seinen Geschmack entwickelt Senf erst nach frühestens drei Tagen. Davor ist er wahnsinnig scharf und noch gar nicht aromatisch. Also unbedingt abwarten!

Noch etwas: Senfsamen werden bitter, wenn sie während des Mahlvorgangs wärmer als 30 °C werden. Wenn Sie also mehrmals auf den »Mahlen-Knopf« der Mühle drücken, vergewissern Sie sich, dass die Mühle nicht heiß läuft. Machen Sie lieber eine Pause zwischendurch.

Marmelade Um herauszufinden, ob die Marmelade fest wird, könnten (und sollten) Sie einen **Geliertest** machen. Dazu stellen Sie sich schon am Anfang des Kochvorgangs einen kalten Teller parat. In heißen Sommermonaten können Sie ihn auch in den Kühlschrank stellen, ansonsten reicht »zimmerkalt«. Wenn die Marmelade die vorgegebene Zeit gekocht hat, gibt man einen Teelöffel auf den Teller und kippt den Teller leicht. Wenn sich ein fester werdender Tropfen bildet und die Marmelade nicht vom Teller läuft, dann wird sie im Glas später fest. Ist sie jedoch noch zu flüssig, geben Sie einfach einen Schuss Zitronensaft oder zur Not ein Tütchen Zitronensäure dazu, rühren noch einmal um und füllen die Marmelade dann in Gläser ab.

Marmelade sollte immer **kochend heiß abgefüllt** werden. Ich lasse daher den Topf beim Abfüllen auf der heißen Herdplatte stehen. Immer jeweils ein Glas befüllen und sofort zuschrauben. Je heißer die Marmelade, desto besser klappt das mit dem Vakuum.

Zum **Auskühlen** gibt es verschiedene Meinungen: Einige sagen, man sollte die befüllten Gläser für kurze Zeit auf den Kopf stellen, damit die heiße Marmelade den Deckel noch einmal zusätzlich sterilisiert. Andere sagen, die Marmelade sollte nicht mit dem im Deckel befindlichen Plastik in Verbindung kommen. Ich persönlich stelle meine Marmeladen auf den Kopf. Wenn Ihnen das mit dem Plastik Gedanken macht, überspringen Sie diesen Schritt, achten Sie dann aber vorher noch mehr auf die Sauberkeit der Deckel.

Marmelade wird auf die klassische Art mit viel Zucker und ohne extra Geliermittel gekocht. Der Zucker sorgt dafür, dass die Früchte haltbar bleiben, allerdings überdeckt er, in großer Menge eingesetzt, leider auch einen großen Teil ihres Geschmacks. Das Fruchtaroma kommt bei der Verwendung von weniger Zucker besser zur Geltung. Daher gibt es inzwischen viele Varianten, Marmelade zum **Gelieren** zu bringen. Man muss natürlich wissen, dass in Gelierzuckern mit geringerem Zuckeranteil auch zwangsläufig Konservierungsmittel enthalten sein müssen, um die Haltbarkeit zu gewährleisten. Ich versuche bei den Rezepten in diesem Buch eine ganze Bandbreite an Geliermethoden zu zeigen – suchen Sie sich heraus, was Ihnen persönlich am besten gefällt.

Pickles Wer kennt nicht die sauren Gurken von Oma? Teilweise wurden sie fermentiert (milchsauer vergoren), teilweise gleich mit einer Essiglösung eingelegt. In diesem Buch zeige ich Ihnen verschiedene Varianten von süßsauren sogenannten Pickles. Zucker und Essig sind hier die Bestandteile, die diese Produkte haltbar machen. Einige sind sofort zum Verzehr geeignet, bei manchen muss man sich ein wenig gedulden, da sie erst nach einer Weile ihren leckeren Geschmack offenbaren.

Pesto Es besteht aus Kräutern, anderen Zutaten und einem großen Schuss Öl. Wenn Sie das Pesto nicht gleich aufbrauchen, dann bewahren Sie es im Kühlschrank auf und geben auf jeden Fall immer eine Schicht Öl darauf – so kommt keine Luft an das Pesto und es kann somit nicht so schnell verderben!

Ein Wort zur Haltbarkeit Immer wieder werde ich auf meinem Blog oder von Freunden gefragt, wie lange die Produkte denn haltbar seien. Das ist eine äußerst schwierige Frage, da sie von so vielen Faktoren abhängt. Sind wirklich alle Gefäße und Gerätschaften absolut sauber gewesen? Manchmal reicht ein Härchen oder ein Staubkorn zwischen Gummiring und Deckel schon, damit das Produkt Luft zieht und nicht mehr dicht ist. Außerdem hängt es davon ab, wie frisch die Zutaten waren, ob sie völlig durchgegart sind oder überhaupt davon, was sich in dem Glas befindet. Nüsse oder ein Schuss Alkohol zum Beispiel reduzieren die Haltbarkeit von Marmeladen.

Darum sage ich allen, die diese Frage stellen, dass sie bitte ihre Sinne verwenden und ihrem gesunden Menschenverstand vertrauen sollen.

- Zuerst hören: Knackt der Twist-off-Deckel oder »ploppt« der Gummiring beim Öffnen des Glases? Dann ist das Vakuum noch intakt gewesen und es ist keine Luft von außen an das Einkochgut gelangt, das ist gut!
- Dann sehen: Befinden sich kein Schimmel, keine abgesetzte Schicht oder womöglich andere Verunreinigungen auf dem Einkochgut im Glas? Es sieht – buchstäblich – schon mal gut aus!
- Als Nächstes riechen: Riecht der Glasinhalt, wie Sie es erwarten? Faulige oder schmierige Gerüche möchten wir nicht!
- Als Letztes schmecken: Probieren Sie vorsichtig, wenn Sie sich nicht ganz sicher sind. Sie werden merken, wenn die Früchte oder das Gemüse »einen Stich« haben!

All das finde ich viel wichtiger als das schriftlich festgelegte Haltbarkeitsdatum. Mein Mann vergleicht das mit dem Navi. Wenn Ihr Auto Ihnen sagt: »Bitte rechts abbiegen«, wenn rechts ein »Durchfahrt-verboten-Schild« steht – machen Sie das dann auch? Nein, Sie sagen sich, dass das keine gute Idee ist. Auch da ist doch der Verstand viel wichtiger als die Anleitung des Navis, oder?

KLEINES HALTBARKEITS-ABC

Senf sollte generell möglichst erst einmal 2 Wochen ziehen, bevor man ihn das erste Mal probiert. Aufbewahren sollte man Senf gut verschlossen im Kühlschrank – dort ist er bis zu 1 Jahr haltbar.

Chutneys und **Relishes** sind im ungeöffneten Glas bis zu 4 Monate haltbar. Das geöffnete Glas hält sich im Kühlschrank noch einige Wochen.

Pickles sind im ungeöffneten Glas ½–1 Jahr haltbar. Geöffnet sollte das Glas im Kühlschrank aufbewahrt und der Inhalt innerhalb von 4 Wochen verbraucht werden.

Bei **Marmeladen, Gelees** und **Konfitüren** hängt die Haltbarkeit von der Menge des enthaltenen Zuckers ab. Je mehr Zucker, desto haltbarer. Bei den Gelierzuckern, die heutzutage auf dem Markt sind (2:1 oder 3:1), sorgen Konservierungsstoffe für die Haltbarkeit der Produkte. Hier sollte man die Angaben des Herstellers beachten. Auch bei Marmeladen gilt: Wenn das Glas geöffnet ist, gehört es in den Kühlschrank – 1 Monat sollte der selbst gemachte Fruchtaufstrich dann jedoch haltbar sein; ungeöffnet etwa 1 Jahr.

Curds sind Brotaufstriche, die traditionell mit Ei hergestellt werden. Daher ist die Lebensdauer dieser süßen Leckereien sehr kurz. Sie sollten durchgehend im Kühlschrank gelagert und innerhalb 1 Woche verbraucht werden.

Sirup verhält sich ähnlich wie Marmelade: Auch hier gilt, je weniger Zucker, desto schneller sollte der Flascheninhalt verbraucht werden.

Wer sich bei selbst gemachten **Saucen** (BBQ, Ketchup und Ähnliches) unsicher ist, wie lange sie haltbar sind, der kocht die befüllten Gefäße noch einmal ein. Grundsätzlich halten sie sich dann 4–6 Monate in der geschlossenen Flasche.

Salze und **Gewürzmischungen** sind nahezu unendlich haltbar, wenn sie wirklich gut trocken sind. Jedwede Feuchtigkeit verringert die Haltbarkeit, da sich dadurch schnell Schimmel bilden kann.

Bei selbst angesetztem **Essig** und **Öl** gilt eigentlich dieselbe Haltbarkeit, die das ursprüngliche Lebensmittel, also der Essig bzw. das Öl, aufweist. Schwebstoffe (z. B. Gewürze, Obst- und Gemüsereste) müssen durch Abseihen entfernt werden.

Liköre sind, sofern sie nur »aufgesetzt« (das bedeutet, dass die Früchte, die dem Likör ihren Geschmack verleihen, nachher wieder entfernt werden) und nicht mit Sahne o. Ä. angereichert werden, durch ihren hohen Alkoholgehalt mehrere Jahre haltbar.

Süßes aus dem Glas

MARMELADEN, GELEES, KONFITÜREN & CURDS

Blaubeerkonfitüre mit Lavendel

ZUTATEN
FÜR 5 GLÄSER À 200 ML

5 Zweige Lavendel
800 g Heidelbeeren
250 g Zucker
7,5 g Apfelpektin (Pulver)

Küchengarn

1 Den Lavendel mit Küchengarn zusammenbinden und mit den Blüten nach unten in ein Glasgefäß geben.

2 500 g Heidelbeeren nach den Angaben des Herstellers in einem Dampfentsafter entsaften und den kochend heißen Saft direkt aus dem Entsafter über die Blüten in das Gefäß fließen lassen. Den Saft mit den Blüten über Nacht stehen lassen, damit er das Lavendelaroma beim Auskühlen richtig aufnehmen kann.

3 Am nächsten Tag den Saft durch ein Sieb abseihen, 300 ml abmessen und mit den restlichen Heidelbeeren in einem hohen Topf vermengen. 50 g Zucker mit dem Pektin vermischen und zur Heidelbeermischung geben. Aufkochen und beim ersten Blubbern den restlichen Zucker unterrühren. 3 Minuten sprudelnd kochen lassen.

4 In vorbereitete Gläser füllen und sofort verschließen. Die Gläser auf den Kopf stellen und auskühlen lassen.

Orangen-Kurkuma-Marmelade

ZUTATEN
FÜR 2 GLÄSER À 300 ML

4–5 Bio-Orangen
450 g Gelierzucker 2:1
5 g Kurkumapulver
400 ml Orangensaft (Direktsaft oder selbst gepresst)

1 Die Orangen heiß waschen und trocken reiben. Von der Schale mit einem Zestenreißer feine Streifen abziehen. Die Orangen filetieren und von den Filets 380 g abwiegen.

2 Orangenfilets und -schale mit Gelierzucker, Kurkuma und dem Orangensaft in einen hohen Topf geben und vermengen. Alles aufkochen und 4 Minuten sprudelnd kochen lassen. Kochend heiß in vorbereitete Gläser füllen und sofort verschließen. Die Gläser umdrehen und auskühlen lassen.

Tipp

Kurkumapulver ist ein sehr gesundes Würzmittel, das aus der Kurkuma-Wurzel gewonnen wird. Kurkuma gehört zur Familie der Ingwergewächse. Neben vielen heilenden Wirkungen wird ihr auch nachgesagt, das allgemeine Wohlbefinden zu stärken.
Ich persönlich mag den würzigen und ganz leicht bitteren Geschmack sehr gerne. Die gelbe Farbe ist unverkennbar und gibt Speisen – wie zum Beispiel dieser Marmelade – eine leuchtende Strahlkraft.

Bratapfel
Marmelade

ZUTATEN
FÜR 3 GLÄSER À 250 ML

2–3 Äpfel (270 g Fruchtfleisch wird benötigt)
Saft von ½ Zitrone
65 g Rosinen
200 ml naturtrüber Apfelsaft
½ TL gemahlener Zimt
260 g Gelierzucker 2:1

1 Die Äpfel schälen, vom Kerngehäuse befreien und klein würfeln. Zügig – damit die Äpfel nicht braun werden – mit den übrigen Zutaten in einen hohen Topf geben, gut verrühren und 30 Minuten ziehen lassen.

2 Alles aufkochen und 4 Minuten sprudelnd kochen lassen. In vorbereitete Gläser füllen und sofort verschließen. Die Gläser auf den Kopf stellen und auskühlen lassen.

Tipp
Wenn keine Kinder mitessen, kann man auch zwei Teelöffel weniger Apfelsaft verwenden und dafür die Rosinen über Nacht in 2 TL Rum einlegen. Das ergibt dann eine »beschwipste« Marmelade.

made by GLASGEFLÜSTER

Schwarzwälder Kirsch-Konfitüre

ZUTATEN
FÜR 2 GLÄSER À 250 ML

400 g Süßkirschen (300 g entsteint)
100 g Muscovado-Zucker
50 g getrocknete Kirschen
50 ml Kirschwasser
1 TL ungesüßtes Kakaopulver
¾ TL Agar-Agar-Pulver

1 Die Kirschen waschen, vom Stiel befreien und entsteinen. 300 g Fruchtfleisch abwiegen und in einem hohen Topf mit dem Zucker vermengen. Die Kirschen mit einem Kochlöffel etwas andrücken, sodass der Saft heraustritt. Diese Mischung nun mindestens 30 Minuten Saft ziehen lassen.

2 Währenddessen die getrockneten Kirschen im Kirschwasser einweichen und ebenso lange ziehen lassen.

3 Den Kakao unter die angedrückten Kirschen rühren. Die eingeweichten Kirschen abgießen und die Flüssigkeit dabei auffangen; die Kirschen ebenfalls in den Topf geben. Das Agar-Agar in die aufgefangene Flüssigkeit einrühren und diese Mischung unter den Topfinhalt rühren. Das Ganze aufkochen und 3 Minuten sprudelnd kochen lassen.

4 Die fertig gekochte Konfitüre hat eine stückige Konsistenz. Um eine fein-samtige Masse zu erhalten, die Konfitüre nach Belieben mit einem Pürierstab pürieren. Heiß in vorbereitete Gläser füllen und sofort verschließen. Auskühlen lassen.

Tipps

Agar-Agar riecht bei der Verwendung manchmal leicht nach Algen. In der fertigen Konfitüre bleibt davon jedoch keinerlei Geschmack oder Geruch übrig!

Die Masse geliert mit Agar-Agar als Bindemittel erst, wenn sie unter 35 °C abgekühlt ist. Nicht wundern, wenn die Konfitüre beim Abfüllen noch recht flüssig ist.

Durch die Hinzugabe von Kakao ist die Konfitüre nicht für längeres Lagern geeignet. Es empfiehlt sich, die ungeöffneten Gläser innerhalb von 4–6 Wochen zu verbrauchen. Nach dem Öffnen zügig verzehren.

made by GLASGEFLÜSTER

Natürliche und frische Zutaten sind das A und O von gelungenen Marmeladen und köstlichen Gelees.

Carrot Cake
Jam

ZUTATEN
FÜR 3 GLÄSER À 100 ML

3 Möhren
150 ml Orangensaft
15 g gehackte Mandeln
¼ TL gemahlener Zimt
1 Prise geriebene Muskatnuss
1 Prise gemahlene Nelken
35 g + 120 g Zucker
5 g Apfelpektin

1 Die Möhren putzen und schälen. Davon 135 g abwiegen und fein reiben. Mit dem Orangensaft, den gehackten Mandeln und den Gewürzen in einem hohen Topf verrühren. 35 g Zucker mit dem Pektin verrühren und ebenfalls hinzugeben.

2 Den Topfinhalt aufkochen. Sobald die Flüssigkeit sprudelt, die restlichen 120 g Zucker hinzugeben und alles 4 Minuten sprudelnd kochen lassen. Die Marmelade in vorbereitete Gläser füllen und diese sofort verschließen. Auf den Kopf stellen und auskühlen lassen.

Tipp

Diese Marmelade schmeckt wie der klassische amerikanische »Carrot Cake« – der sich bei uns im deutschsprachen Raum unter dem Namen »Rüblikuchen« großer Beliebtheit erfreut. Er macht sich ganz toll als Mitbringsel für den Osterbrunch. Oder Sie versuchen es einfach mal mit seiner »kleinen Schwester«, meiner Carrot Cake Jam. Die schmeckt übrigens auch an windigen Herbsttagen oder zur Adventszeit sehr lecker.

made by GLASGEFLÜSTER

Zwetschgen Powidl

ZUTATEN
FÜR 2 GLÄSER À 200 ML

1 kg Zwetschgen
3 ½ EL Rohrohrzucker
½ TL gemahlener Zimt

1 Den Backofen auf 200 °C vorheizen. Die Zwetschgen waschen, halbieren und entsteinen. In eine ofenfeste Form geben. Die Zwetschgen auf der mittleren Schiene 30 Minuten im vorgeheizten Ofen backen, dann die Temperatur auf 180 °C reduzieren und 1 weitere Stunde backen.

2 Den Zucker über den Zwetschgen verteilen und alles einmal umrühren. Die Form wieder zurück in den Ofen geben und die Zwetschgen in 1 ½–2 ½ Stunden einkochen, bis der Powidl die gewünschte dickmusige Konsistenz hat. Dabei alle 30 Minuten umrühren und gegen Ende darauf achten, dass nichts anbrennt.

3 Entweder noch heiß in vorbereitete Gläser füllen, verschließen und umgedreht abkühlen lassen oder den Powidl in eine Schüssel füllen und bald verzehren.

Tipp

Der Begriff »Powidl« stammt ursprünglich aus Österreich und bezeichnet ein Pflaumenmus, das durch langes Kochen (in diesem Fall Backen) entsteht. In der Schweiz nennt man dieselbe süße Nascherei »Latwerge«. Powidl ist ein schöner Brotaufstrich und kann auch sehr gut als Füllung von Mehlspeisen verwendet werden.

Birnen-marmelade mit Vanille

ZUTATEN
FÜR 6–7 GLÄSER À 100 ML

600 g Birnen
2 Limetten
250 ml Birnensaft
250 g Gelierzucker 3:1
¼ TL gemahlene Vanille

1 Die Birnen schälen und von Stiel und Kerngehäuse befreien. 450 g Fruchtfleisch abwiegen und fein würfeln. Die Limetten auspressen. Birnenwürfel und Limettensaft mit den übrigen Zutaten in einem Topf vermischen. 1 Stunde Saft ziehen lassen.

2 Alles aufkochen, unter Rühren 4 Minuten sprudelnd kochen lassen und in vorbereitete Gläser abfüllen. Diese sofort verschließen und umgedreht auskühlen lassen.

Tipps

Statt gemahlener Vanille ist auch Tonkabohne ein Aroma, das hervorragend mit Birne harmoniert.

Wer die Marmelade ein wenig spritziger wünscht und keine Kinder am Frühstückstisch sitzen hat, kann auch 50 ml des Birnensaftes durch Weißwein oder Prosecco ersetzen.

Aprikosen-Thymian-Marmelade

ZUTATEN
FÜR 3 GLÄSER À 160 ML

8 Aprikosen
½ Zitrone
100 ml frisch gepresster Orangensaft (oder Direktsaft)
5 Zweige frischer Thymian
250 g Zucker

1 Die Aprikosen waschen, halbieren und entsteinen. 415 g Fruchtfleisch abwiegen, in feine Würfel schneiden und in einen hohen Topf geben. Die halbe Zitrone auspressen und den Saft zusammen mit dem Orangensaft in den Topf geben. Den Thymian waschen, trocken schütteln und die Blättchen abzupfen. Die Blättchen sowie den Zucker ebenfalls zu den Früchten in den Topf geben und alles verrühren. 30 Minuten ziehen lassen.

2 Alles aufkochen und unter ständigem Rühren bei mittlerer bis starker Hitze blubbernd kochen lassen. Nach etwa 35 Minuten ist die Konsistenz der Masse die einer Marmelade. Nun einen Geliertest machen. Wenn dieser gelingt, kann die Marmelade in vorbereitete Gläser abgefüllt werden.

3 Nach dem Abfüllen die Glasränder der Einkochgläser gut säubern und die Gläser mit Gummiringen, Deckeln und Klammern verschließen. Die Gläser in einen Einkochautomaten geben und 10 Minuten bei 100 °C einkochen. Die Klammern erst abnehmen, wenn die Gläser vollständig ausgekühlt sind.

4 Alternativ die Marmelade kochend heiß in Schraubgläser füllen. Die Gläser sofort mit Deckeln verschließen und umgedreht auskühlen lassen.

Tipp

Dies ist die »traditionelle Art«, Marmelade einzukochen. Hier hilft kein Konservierungsmittel nach, sondern das Gelieren und Haltbarmachen der Marmelade erfolgt allein durch den Zucker, den Zitronensaft und eine lange Kochzeit.

Kaffee
Gelee

ZUTATEN
FÜR 1 GLAS À 250 ML

½ Vanilleschote
150 ml kalter Kaffee
70 g Gelierzucker 3:1

1 Die halbe Vanilleschote längs aufschneiden und das Mark herauskratzen.

2 Den Kaffee mit dem Vanillemark und dem Gelierzucker in einem Topf aufkochen. 4 Minuten sprudelnd kochen lassen, dabei stetig rühren.

3 Das Gelee in ein vorbereitetes Glas abfüllen und sofort verschließen.

Tipp

Die ausgekratzte Vanilleschote nicht entsorgen! Am besten bewahrt man im Küchenschrank ein Glas mit normalem Haushaltszucker auf, in den man die leeren Vanilleschoten hineinsteckt. So hat man immer einen Vorrat an selbst gemachtem, natürlichem Vanillezucker.

made by GLASGEFLÜSTER

Trauben-Blaubeer-Gelee mit Minze

ZUTATEN
FÜR 3 GLÄSER À 250 ML

3 große Minzezweige
500 g blaue Trauben
500 g Blaubeeren
400 g Gelierzucker 2:1

1 Die Minze waschen und trocken schütteln. In eine Flasche mit ca. 1 Liter Fassungsvermögen geben und beiseitestellen.

2 Trauben und Blaubeeren waschen und nach den Angaben des Herstellers in einem Dampfentsafter entsaften. Den Saft heiß direkt aus dem Dampfentsafter in die Flasche mit der Minze fließen lassen, damit er dort Aroma annehmen kann. Auskühlen lassen.

3 Den erkalteten Saft durch ein Sieb abseihen und 700 ml abmessen. Den Saft mit dem Gelierzucker in einen hohen Topf geben. Aufkochen, dann 4 Minuten sprudelnd kochen lassen. In vorbereitete Gläser füllen, diese verschließen, auf den Kopf stellen und auskühlen lassen.

Tipp
Die Trauben können ohne Weiteres mitsamt ihren Stielen in den Entsafter gegeben werden.

Apfel-Quitten-Gelee

ZUTATEN
FÜR 4 GLÄSER À 250 ML

1,5 kg Quitten
700 g Äpfel
500 g Gelierzucker 2:1

1 Von den Quitten den Flaum mit einem trockenen Küchenhandtuch abreiben. Die Äpfel waschen. Quitten und Äpfel vierteln, in den Korb des Dampfentsafters geben und nach Herstellerangabe entsaften.

2 Vom Saft 750 ml abmessen und mit dem Gelierzucker in einen großen Topf geben. Verrühren und 30 Minuten ziehen lassen.

3 Aufkochen, dann 4 Minuten sprudelnd kochen lassen. Das Gelee in vorbereitete Gläser füllen, verschließen, auf den Kopf stellen und auskühlen lassen.

Tipps

Es gibt verschiedene Sorten von Quitten: Apfelquitten sind etwas kräftiger, Birnenquitten etwas milder im Geschmack. Es lohnt sich, beim Herstellen von Gelee ein wenig mit den Sorten und ihrem Aroma herumzuexperimentieren, bis man die eigene Lieblingskombi gefunden hat.

Der Flaum auf der Oberfläche der Quitten muss gründlich entfernt werden, bevor man die Früchte weiterverarbeitet. Das geht mit einem Tuch viel besser als durch Waschen.

Da Quitten sehr viel eigenes Pektin enthalten, geliert ein solches Gelee sehr gut. Auf jeden Fall sollte man der Versuchung widerstehen, es länger kochen zu lassen – außer man möchte später ein Gelee von betonartiger Konsistenz haben!

ROSTFREI

Rhabarber

Curd

ZUTATEN
FÜR 2 GLÄSER À 200 ML

200 g Rhabarber
115 g kalte Butter
215 g selbst angesetzter Vanillezucker (Rezept s. Tipp S. 35)
5 frische Eigelb

1 Den Rhabarber putzen und waschen. Die Rhabarberstangen in grobe Stücke schneiden und zusammen mit 150 ml Wasser in einen Topf geben. Aufkochen und 10–15 Minuten bei mittlerer Hitze köcheln, bis der Rhabarber völlig zerfällt. Die Masse durch ein Sieb streichen, um die Rhabarberfasern zu entfernen. Das Rhabarbermus abkühlen lassen.

2 Die kalte Butter in Würfel schneiden, beiseitestellen. Das Rhabarbermus mit dem Zucker und den Eigelben vermengen. In einen Topf geben und bei mittlerer Hitze erhitzen, dabei die Masse ständig mit dem Schneebesen schlagen. Nach 2 Minuten die gewürfelte Butter einrühren. Nach ungefähr weiteren 3 Minuten wird die Masse dickflüssig – nun das Curd sofort in vorbereitete Gläser füllen und abkühlen lassen.

Tipps

Das Erhitzen der Eimasse ist ein etwas kritischer Moment, da die Gefahr besteht, dass sich kleine Klümpchen bilden, wenn das Ei zu schnell heiß wird. Sollte dies passieren, kann man die fertig gekochte Masse zum Schluss einfach durch ein Sieb streichen und somit diese Klümpchen entfernen.

Das Curd dickt beim Erkalten noch nach. Man muss also zum Zeitpunkt des Abfüllens in Gläser keine streichfähige Konsistenz erwarten: Es sollte ungefähr die Konsistenz von flüssigem Honig haben.

Durch das enthaltene Ei lässt sich Curd nicht besonders lange lagern. Bewahren Sie es am besten im Kühlschrank auf und verbrauchen Sie es innerhalb einer Woche.

Johannisbeer

Curd vegan

ZUTATEN
FÜR 1 GLAS À 300 ML

500 g Johannisbeeren
85 g selbst angesetzter Vanillezucker (Rezept s. Tipp S. 35)
55 g Puderzucker
1 Prise Salz
1 ½ EL Speisestärke
1 EL Kokosmilch
15 g Margarine

1 Die Johannisbeeren waschen. Mit den Stielen in einen Dampfentsafter geben und nach den Angaben des Herstellers entsaften. Vom aufgefangenen Saft 155 ml abmessen und in eine Stielkasserolle füllen. Außerdem weitere 1 ½ EL Saft in ein kleines Gefäß geben.

2 Die beiden Zuckersorten und das Salz unter die 155 ml Saft rühren und aufkochen. Während des Erhitzens die Speisestärke mit den bereitgestellten 1 ½ EL Saft klümpchenfrei verrühren. Sobald der Topfinhalt zu kochen beginnt, die Kokosmilch, die Margarine und die angerührte Speisestärke hinzugeben und unter stetigem Rühren 3–4 Minuten köcheln lassen.

3 Die Masse in ein vorbereitetes Glas geben, verschließen und zunächst bei Raumtemperatur, dann im Kühlschrank komplett auskühlen lassen.

Tipp

Die Creme lässt sich im Kühlschrank etwa 1–2 Wochen aufbewahren. Bereiten Sie sie am besten nur in kleineren Mengen zu.

Cold
Drink
GLASSWARE

Süßes & Alkoholisches aus der Flasche

SIRUP, LIKÖRE & SCHNAPS

Rhabarber
Sirup

ZUTATEN
FÜR 3 FLASCHEN À 200 ML

1 kg Rhabarber (Stangen ohne Blätter)
300 g selbst angesetzter Vanillezucker (Rezept s. Tipp S. 35)

1 Den Rhabarber putzen und waschen. Die Stangen in etwa 2–3 cm dicke Stücke schneiden und diese nach den Angaben des Herstellers im Dampfentsafter entsaften.

2 Vom Rhabarbersaft 600 ml abmessen und mit dem Zucker in einem hohen, weiten Topf vermengen. Unter ständigem Rühren so lange köcheln lassen, bis die Flüssigkeit dickflüssiger wird (etwa 15 Minuten). Eventuell entstehenden Schaum mit einer Schaumkelle entfernen. Den Sirup in vorbereitete Flaschen füllen und sofort verschließen.

Tipp
Den Schaum bei der Herstellung von Marmelade und Sirup sollte man abnehmen, da er bei der Lagerung des Einmachguts die Schimmelbildung begünstigt. Meine Mutter hatte stets ein Tellerchen neben dem Herd stehen, auf den der Schaum kam, wenn sie Marmelade kochte. Ich durfte ihn dann immer verputzen – ein Fest!

Holunder-Quitten-Sirup

ZUTATEN
FÜR 4 FLASCHEN À 250 ML

500 ml Quittensaft (ersatzweise auch Apfelsaft)
500 ml Holunderbeersaft
500 g Zucker
1 gehäufter TL gemahlener Zimt
½ TL gemahlene Vanille

1 Quitten- und Holunderbeersaft zusammen mit dem Zucker in einem großen Topf verrühren, mit Zimt und Vanille würzen.

2 Stark sprudelnd aufkochen, dann bei mittlerer Hitze leicht köchelnd etwa 10–15 Minuten eindicken lassen, dabei stetig rühren. Den Sirup gut beobachten: Seine Konsistenz sollte ungefähr der von Ahornsirup entsprechen; der Sirup dickt beim Erkalten stark nach. In vorbereitete Flaschen füllen, sofort verschließen.

Pumpkin Spice Sirup

ZUTATEN
FÜR 4 FLASCHEN À 150 ML

370 g entkerntes Hokkaidokürbisfleisch (mit Schale)
1 gehäufter TL gemahlener Zimt
¼ TL Ingwerpulver
⅛ TL frisch geriebene Muskatnuss
½ Vanilleschote
160 g brauner Zucker
40 g Vanillezucker

1 Den Kürbis in kleine Würfel schneiden und in einem Topf zusammen mit 150 ml Wasser aufkochen. Etwa 10 Minuten köcheln lassen, bis der Kürbis zerfällt. Den Kürbis mit einem Pürierstab zu einer sämigen Masse mixen.

2 Den Kürbisbrei mit 200 ml Wasser und allen übrigen Zutaten in einem hohen Topf aufkochen und 10–15 Minuten köcheln lassen, um den Sirup leicht einzudicken. Die Vanilleschote herausnehmen und den Sirup kochend heiß in vorbereitete Flaschen füllen. Sofort verschließen.
Super in Latte macchiato: Einfach 1 EL Sirup mit hineinrühren und auf der Couch die Herbststürme an sich vorbeiziehen lassen.

made by GLASGEFLÜSTER

Holunder-Quitten-Sirup ist klasse in Salatdressings … und pssst – ersetzen Sie mit dem feinen Sirup Ihr klassisches Glühweingewürz!

Blutorangensirup mit Rosmarin

ZUTATEN
FÜR 2 FLASCHEN À 200 ML

1 kg Blutorangen
2 große Zweige frischer Rosmarin
250 g Zucker

1 Die Blutorangen auspressen und 500 ml Saft abmessen. Den abgemessenen Saft mit dem Zucker in einem großen Topf gut vermischen. Den Rosmarin waschen und die Zweige im Ganzen in den Topf legen.

2 Alles einmal aufkochen, dann 15–20 Minuten bei mittlerer Hitze köcheln lassen, bis die Konsistenz etwas dicker wird (Achtung, beim Erkalten wird der Sirup später noch dicker – also nicht zu lange kochen lassen!).

3 Den Sirup kochend heiß durch ein Sieb in vorbereitete Flaschen füllen und diese sofort verschließen.

Tipp

Der Sirup schmeckt wundervoll mit Prosecco aufgegossen. Oder mit Gin und etwas Tonic Water sowie einem Zweig Rosmarin darin als Longdrink!

Gurken
Sirup

ZUTATEN
FÜR 4 FLÄSCHCHEN À 150 ML

5 große Salatgurken
1 kleine Prise Salz
400 g Zucker

1 Die Gurken waschen und in hauchdünne Scheiben schneiden (das geht am besten mit einem Gurkenhobel, aber auch ein Sparschäler ist geeignet). Die Scheiben in eine große Schüssel geben und mit etwas Salz vermischen. 30 Minuten ziehen lassen.

2 Die Gurkenscheiben über einem Gefäß ausdrücken und den Saft dabei auffangen. Die Gurkenscheiben beiseitestellen.

3 400 ml des Saftes abmessen und mit dem Zucker in einen hohen Topf geben. Beides zusammen aufkochen und bei mittlerer Hitze 15 Minuten köcheln lassen, bis die gewünschte Konsistenz erreicht ist (Achtung, der Sirup dickt beim Erkalten etwas nach!). Kochend heiß in vorbereitete Flaschen füllen und diese sofort verschließen.

Tipps

Mit je einem Schluck Gin und Tonic Water aufgefüllt und auf Eiswürfeln serviert, wird dieser Sirup ein herrlich frisches Sommergetränk!

Die ausgepressten Gurkenscheiben können mit etwas Schmand, Dill, Salz und Pfeffer zu einem leckeren Salat verwertet werden.

Cold
Drink
GLASSWARE

made by GLASGEFLÜSTER

Cranberrys haben eine herbe Grundnote, roh sind sie eher säuerlich, gekocht entfalten sie einen süßlichen Geschmack.

Holunderblüten

Likör

ZUTATEN
FÜR 4 FLASCHEN À 1 L

28 große Holunderblütendolden
30 g Zitronensäure
2 Flaschen Doppelkorn (à 750 ml)
650 g Zucker

1 Die Holunderblütendolden leicht schütteln, um eventuell vorhandene Tierchen oder groben Schmutz zu entfernen. Die Blüten in eine große Schüssel geben und mit der Zitronensäure bestreuen. 2 Liter Leitungswasser gleichmäßig darübergießen. Die Dolden mit einem Teller beschweren und die Schüssel verschließen, 24 Stunden ziehen lassen.

2 Alles durch Kaffeefilter (etwa 4–5 Stück) oder ein feines Mulltuch abseihen. Das aufgefangene Holunderwasser nun mit dem Alkohol und dem Zucker verrühren, bis sich der Zucker vollständig gelöst hat. Den Likör in vorbereitete Flaschen füllen und diese verschließen. Dunkel lagern.

Tipps

Holunderblütendolden sollte man ernten, wenn sie in voller Blüte sind und es nicht gerade geregnet hat. Leider geht bei starken Regengüssen ein wenig des tollen Aromas verloren.

Je feiner der zum Abseihen verwendete Filter ist, desto weniger Schwebeteilchen befinden sich nachher im Likör – diese können sich ansonsten unschön am Flaschenboden absetzen. Ich verwende zum Ansetzen eine mit einem Deckel dicht verschließbare große Schüssel.

Cranberry
Wodka

**ZUTATEN
FÜR 1 FLASCHE À 300 ML**

250 g frische Cranberrys
10 g weißer Kandis
250 ml Wodka

1 Die Cranberrys in ein Sieb geben, waschen und mit einem Tuch trocken tupfen. In eine Flasche füllen, den Kandis dazugeben und mit dem Alkohol übergießen. Die Flasche verschließen.

2 An einem warmen Ort 4 Wochen ziehen lassen. Die Flasche ab und zu schütteln, damit sich der Kandis auflösen kann.

3 Den Wodka verkosten. Sollten die Beeren noch nicht genug Geschmack abgegeben haben, noch weitere 2 Wochen ziehen lassen. Den Schnaps durch ein Passiertuch (oder ggf. einen Kaffeefilter) abseihen und in eine vorbereitete Flasche füllen. Die Flasche verschließen. Kühl und dunkel aufbewahren.

Tipp

Durch die Cranberrys erhält der Wodka einen bitter-fruchtigen Geschmack und eine wunderschöne rosa Farbe.

Birnenlikör
mit Vanille

**ZUTATEN
FÜR 1 FLASCHE À 1 L**

5 reife Birnen
2 Vanilleschoten
5 Stück weißer Kandis (»Kluntje«)
1 l Wodka

1 Die Birnen waschen, abtrocknen und vierteln, den Stiel dabei jeweils entfernen. In ein Glas mit etwa 1,5 Liter Fassungsvermögen stecken. Die Vanilleschoten aufschneiden (das Mark verbleibt in den Schoten) und mit dem Kandiszucker hinzugeben.

2 Mit dem Wodka aufgießen. Alle Zutaten sollten mit Flüssigkeit bedeckt sein. Sollten sie »aufsteigen«, einfach einen Teller oder eine kleine Schale als Beschwerung mit in das Glas geben. 2 Wochen an einem kühlen Ort stehen lassen.

3 Den Likör durch ein Sieb abseihen, bei Bedarf zusätzlich durch ein Mulltuch, und in eine vorbereitete Flasche füllen. Kühl und dunkel aufbewahren.

Tipp

Die Vanilleschote kann nach dem Abseihen noch weiter genutzt werden: Dazu unter fließend Wasser waschen, vollständig trocknen lassen und in ein Glas mit Zucker stecken. So können Sie »verbrauchte« Schoten auch zukünftig optimal nutzen und haben nach einigen Wochen »eigenen« Vanillezucker.
Siehe auch Tipp auf S. 35.

Herzhaftes aus dem Glas

CHUTNEYS, RELISHES, PICKLES,
EINGELEGTES GEMÜSE, PESTO, SENF & CO.

Feigen-Zwetschgen-Chutney

ZUTATEN
FÜR 2 GLÄSER À 150 ML

- 3 große Feigen (250 g)
- 10 Zwetschgen (250 g)
- 1 kleine rote Zwiebel
- 100 ml Orangen-Direktsaft
- 50 ml dunkler Balsamicoessig
- 150 g Rohrohrzucker
- 1 TL braune Senfsaat
- ⅓ TL gemahlener Zimt
- ⅓ TL gemahlene Nelken

1 Die Feigen waschen und die Stiele abschneiden. Die Zwetschgen waschen und entsteinen. Die Früchte in 1 cm große Würfel schneiden. Die Zwiebel schälen und fein würfeln.

2 Alle Zutaten in einen Topf geben und gut verrühren. Aufkochen und 20 Minuten sprudelnd kochen lassen, dabei ständig rühren. Die Konsistenz des Chutneys sollte zum Schluss dickflüssig sein, wie eine Marmelade.

3 Das Chutney kochend heiß in vorbereitete Gläser füllen und sofort verschließen. Alternativ in Einkochgläser geben, diese mit Gummiringen, Deckeln und Klammern verschließen und bei 90 °C 30 Minuten einkochen. Die Klammern erst abnehmen, wenn die Gläser vollständig abgekühlt sind.

made by GLASGEFLÜSTER

Ananas-Paprika-Chutney

ZUTATEN
FÜR 2 GLÄSER À 220 ML

½ große Ananas
1 große rote Paprika
1 gehäufter TL Koriandersaat
1 TL Currypulver aus Sri Lanka
80 ml Apfelessig
70 g Zucker
1 Prise Salz
80 ml frisch gepresster Orangensaft oder Orangen-Direktsaft
1 TL Apfelpektin

1 Die Ananas schälen und den harten Strunk herausschneiden. 420 g Fruchtfleisch abwiegen und fein würfeln. Die Paprika längs halbieren, waschen und entkernen. 180 g Fruchtfleisch abwiegen und in ebenso große Würfel wie die Ananas schneiden.

2 Die Koriandersaat 1–2 Minuten in einer beschichteten Pfanne anrösten, dabei die Saat in der Pfanne ständig bewegen, damit nichts anbrennt. Ananas- und Paprikawürfel hinzugeben und gut rühren. Currypulver, Essig, Zucker und Salz hinzufügen und alles bei mittlerer Hitze unter ständigem Rühren köcheln lassen. Zum Schluss den Orangensaft einrühren und mit dem Pektin binden. 3–4 Minuten eindicken lassen (ständig rühren!).

3 Das Chutney in vorbereitete Einkochgläser geben, diese mit Gummiringen, Deckeln und Klammern verschließen und bei 90 °C 30 Minuten einkochen. Die Klammern erst abnehmen, wenn die Gläser vollständig abgekühlt sind. Alternativ das Chutney kochend heiß in Schraubgläser füllen. Die Gläser sofort mit Deckeln verschließen und umgedreht auskühlen lassen.

Tipp

Das Currypulver aus Sri Lanka ist für meinen Geschmack etwas würziger als das »normale«, hierzulande meistverwendete Currypulver. Wer sich aber einen solchen Exoten nicht so gerne ins Gewürzregal stellen möchte, der kann selbstverständlich auch handelsübliches Currypulver verwenden.

Rhabarber
Chutney

ZUTATEN
FÜR 2 GLÄSER À 250 ML

- 400 g Rhabarber
- ¼ TL rosa Pfefferbeeren
- 1 rote Zwiebel
- 1 Bio-Zitrone
- 150 g Muscovado-Zucker
- 50 g getrocknete Kirschen
- 80 ml Weißweinessig
- ½ TL gemahlener Zimt
- ½ TL gemahlene Nelken

1 Den Rhabarber putzen, waschen und schälen. Die rosa Pfefferbeeren mit einem Stößel leicht zerstoßen. Die Zwiebel schälen und fein würfeln. Die Zitrone heiß waschen, abtrocknen und von der halben Frucht die Schale mit einem Zestenreißer abziehen (die Frucht möglichst bald anderweitig verwenden).

2 Alle Zutaten in einem ausreichend großen Topf vermengen und aufkochen. So lange bei mittlerer Hitze köcheln, bis der Rhabarber zerfallen ist und eine homogene Masse mit den anderen Zutaten bildet (20–25 Minuten; wenn der Rhabarber sehr viel Flüssigkeit abgibt, auch etwas länger). Dabei häufig umrühren, um ein Ansetzen des Topfinhalts zu verhindern.

3 Kochend heiß in vorbereitete Gläser füllen und diese sofort verschließen. Die Gläser umdrehen und auskühlen lassen.

Cranberry-Apfel-Chutney

ZUTATEN
FÜR 5 GLÄSER À 80 ML

4–5 Äpfel (600 g Fruchtfleisch wird benötigt)
330 g frische Cranberrys
10 g frischer Ingwer
½ rote Zwiebeln
200 g Zucker
100 ml Apfelessig
100 ml Apfelsaft
1 Prise Pfeffer

1 Die Äpfel schälen, vom Kerngehäuse befreien und fein würfeln. Die Cranberrys in ein Sieb geben, waschen und mit einem Tuch trocken tupfen. Den Ingwer schälen und ganz fein würfeln oder reiben. Die Zwiebelhälfte schälen und in sehr feine Würfel schneiden.

2 Apfel- und Zwiebelwürfel, Cranberrys und Ingwer zusammen mit den übrigen Zutaten in einen hohen Topf geben und aufkochen. Bei schwacher Hitze unter ständigem Rühren 20–25 Minuten köcheln lassen, bis das Chutney dickflüssig geworden ist.

3 Das Chutney in vorbereitete Einkochgläser geben, diese mit Gummiringen, Deckeln und Klammern verschließen und bei 90 °C 30 Minuten einkochen. Die Klammern erst abnehmen, wenn die Gläser vollständig abgekühlt sind. Alternativ das Chutney kochend heiß in Schraubgläser füllen. Die Gläser sofort mit Deckeln verschließen und umgedreht auskühlen lassen.

Tipp

Dieses Chutney passt ganz toll zu einer Käseplatte, kann aber auch gut zu Lamm- oder Geflügelfleisch aufgetischt werden.

Chutney aus roten Zwiebeln

ZUTATEN
FÜR 2 GLÄSER À 150 ML

4 rote Zwiebeln
1 Knoblauchzehe
½ rote Chilischote
1 EL Rapsöl
1 EL Muscovado-Zucker
80 g Zucker
80 ml Rotweinessig
25 ml dunkler Balsamicoessig
2 Prisen gemahlener Zimt
1 Prise Chiliflocken
½ TL Senfsaat
2 getrocknete Lorbeerblätter

1 Die Zwiebeln schälen, vierteln und in Scheiben schneiden. Den Knoblauch schälen und fein würfeln bzw. pressen. Die Chilischote nach Belieben entkernen, von den Trennwänden befreien und ganz fein hacken (Einweghandschuhe).

2 Das Öl in einer Pfanne erhitzen und die Zwiebelstücke hineingeben. Bei mittlerer Hitze ca. 3 Minuten glasig dünsten. Den Muscovado-Zucker hinzugeben und unter starkem Rühren 3 Minuten karamellisieren lassen (darauf achten, dass der Zucker nicht anbrennt!).

3 Alle übrigen Zutaten hinzugeben und 10–15 Minuten unter ständigem Rühren eindicken lassen (die Masse sollte eine Konsistenz von Marmelade bekommen). Die Lorbeerblätter herausnehmen und das Chutney in vorbereitete Gläser füllen. Sofort verschließen, auf den Kopf stellen und auskühlen lassen.

Tipp

Mit den Kernen der frischen Chili bestimmen Sie selbst, wie scharf das Chutney wird. Wenn Sie mehr »Wumms« möchten, nehmen Sie die Kerne mit. Wenn das Chutney eher mild werden soll, dann verwenden Sie nur das Fruchtfleisch und entfernen die Kerne.

made by GLASGEFLÜSTER

Süßes Gurkenrelish

ZUTATEN
FÜR 4–5 GLÄSER À 220 ML

1 kg Einlegegurken
1 große Gemüsezwiebel (ca. 400 g)
1 ½ TL Kurkumapulver
3 EL gehackter, frischer Dill
2 EL gelbe Senfsaat
2 Knoblauchzehen
300 ml Apfelessig
300 g Zucker
1 EL Salz
1 Prise Pfeffer

1 Die Gurken waschen, mit einer Bürste säubern und in feine Würfel (½ cm) schneiden. Die Zwiebel schälen und in genauso große Würfel schneiden.

2 Alle Zutaten in einen hohen Topf geben und aufkochen. Dann die Temperatur auf mittlere Hitze reduzieren und das Relish unter gelegentlichem Rühren ca. 15 Minuten köcheln lassen, bis es dickflüssig wird.

3 Das Relish in vorbereitete Einkochgläser füllen, diese mit Gummiringen, Deckeln und Klammern verschließen. Im Einkochautomat nach Herstellerangabe bei 90 °C für 30 Minuten einkochen. Die Klammern erst abnehmen, wenn die Gläser komplett ausgekühlt sind. Alternativ das Chutney kochend heiß in Schraubgläser füllen. Die Gläser sofort verschließen und umgedreht auskühlen lassen.

Tipp

Dieses Relish macht sich hervorragend auf Burgern oder Hotdogs statt der üblichen sauren Gurkenscheiben.

100ml

Tomaten
Relish

ZUTATEN
FÜR 2 GLÄSER À 150 ML

350 g Tomaten, ½ rote Zwiebel
1 rote Chilischote
2 EL weißer Balsamicoessig
1 EL Honig, 1 EL Zucker
½ TL Currypulver, ½ TL Salz
¼ TL gemahlener Koriander

1 Die Tomaten waschen, würfeln und den Stielansatz entfernen. Die Zwiebel schälen und in feine Würfel schneiden. Die Chili waschen, entstielen und fein würfeln; nach Wunsch Kerne und Trennhäute entfernen.

2 Alle Zutaten in einen Topf geben und aufkochen. Bei mittlerer Hitze 30 Minuten kochen lassen, bzw. bis die Konsistenz der Flüssigkeit ungefähr der von Ketchup entspricht. Das Relish kochend heiß in vorbereitete Gläser füllen. Sofort verschließen.

Blumenkohl
Pickles

ZUTATEN
FÜR 4 GLÄSER À 250 ML

2 Köpfe Blumenkohl
4 Möhren
350 ml Reisessig, 250 ml Apfelessig
250 g Zucker
1 EL Currypulver
⅓ TL Kurkumapulver
½ TL Salz, 4 Lorbeerblätter

1 Den Blumenkohl putzen, waschen und in feine Röschen teilen. Die Möhren schälen und in feine, 2 cm lange Stifte schneiden. Beide Essigsorten sowie 250 ml Wasser mit Zucker, Curry, Kurkuma und Salz in einem hohen Topf aufkochen. Blumenkohl und Möhrenstifte darin 5 Minuten blanchieren.

2 In der Zwischenzeit in jedes der 4 Gläser ein Lorbeerblatt legen. Die Blumenkohlröschen und Möhrenstifte bunt gemischt eng in die Gläser schichten. Den Sud darübergießen und die Gläser sofort verschließen.

»Quick Pickles« können Sie sofort genießen – sie müssen nicht ziehen. Länger haltbar sind sie eingekocht (30 Minuten bei 90 °C).

Frühlingszwiebeln süßsauer

ZUTATEN
FÜR 2 GLÄSER À 500 ML

2 Bund Frühlingszwiebeln
12 rosa Pfefferbeeren
12 schwarze Pfefferkörner
½ TL gelbe Senfsaat
2 kleine Lorbeerblätter
2 Wacholderbeeren
275 ml Reisessig
2 TL Meersalz

1 Die Frühlingszwiebeln waschen und welke Blätter entfernen. Unten so viel von den Zwiebeln abschneiden, dass sie durchgehend gleich dick sind. Die Stängel eng in zwei hohe Einkochgläser stellen. Rosa Pfefferbeeren und schwarze Pfefferkörner, Senfsaat, Lorbeerblätter und Wacholderbeeren jeweils zur Hälfte auf die beiden Gläser aufteilen und zwischen die Frühlingszwiebeln stecken.

2 Reisessig und Salz zusammen mit 550 ml Wasser aufkochen und einmal aufwallen lassen. Den Sud kochend heiß über die Zwiebeln gießen, die Gläser dabei bis 1 cm unter dem Rand auffüllen. Die Gläser mit Gummiringen, Deckeln und Klammern verschließen und in einen Einkochautomaten stellen. Diesen bis zu zwei Drittel der Glashöhe mit heißem Wasser füllen und die Gläser nach Herstellerangabe 30 Minuten bei 100 °C einkochen.

3 Die Gläser nach dem Einkochen gut auskühlen lassen, dann erst die Klammern abnehmen.

Tipp

Sollte es passieren, dass Gläser nach dem Auskühlen nicht fest verschlossen sind, wenn man die Klammern abnimmt, ist der Inhalt zwar auf jeden Fall genießbar, aber nicht lange haltbar. In diesem Fall sollte man den Inhalt möglichst sofort verzehren oder maximal noch einige Tage im Kühlschrank aufbewahren. Oder Sie kochen das Einmachgut einfach erneut ein – hierfür noch einmal Glas- und Deckelrand sowie den Ring säubern und trocknen.

Pikant eingelegter Knoblauch

ZUTATEN
FÜR 2 GLÄSER À 200 ML

2 große, frische Knoblauchknollen
1 gehäufter TL Salz
2 Zweige frischer Thymian
250 ml natives Olivenöl
¼ TL Pul Biber (türk. Chiliwürzmischung; ersatzweise Chiliflocken)

1 Den Knoblauch schälen und die Zehen dabei möglichst komplett lassen. Wasser in einem Topf erhitzen und das Salz hinzufügen. Die Knoblauchzehen 8 Minuten darin blanchieren. Herausheben, auf einem Küchenhandtuch abtropfen lassen und trocken tupfen. Die Thymianzweige waschen und trocken tupfen.

2 Das Öl in einem (Emaille-)Topf mit dem Pul Biber verrühren. Die Thymianzweige und die trockenen Knoblauchzehen hineingeben. Vorsichtig erhitzen, sodass das Öl nicht spritzt oder gar raucht. Die Knoblauchzehen bei mittlerer Hitze ca. 35–40 Minuten garen, bis sie weich sind.

3 Heiß in vorbereitete Gläser füllen. Die Knoblauchzehen sollten mindestens ½ cm hoch mit dem Öl aus der Pfanne bedeckt sein. Auskühlen lassen und dann im Kühlschrank aufbewahren.

Tipps

Beim Olivenöl sollte man in diesem Fall darauf achten, dass es sich um eine Sorte mit hohem Rauchpunkt handelt, die wenig Schwebeteilchen enthält und gut erhitzbar ist.

Pul Biber ist eine türkische Würzmischung aus Paprika- und Chiliflocken. Je nach gewünschtem Schärfegrad kann hier auch eine schärfere Mischung gewählt werden.

Die Knoblauchzehen können als Brotaufstrich verwendet werden, aber auch überall dort, wo man frischen Knoblauch verwenden würde, also in Saucen und Suppen oder auch in Salatdressings und Marinaden.

Petersilienwurzeln süßsauer

ZUTATEN
FÜR 4 GLÄSER À 250 ML

500 g Petersilienwurzeln
1 Zwiebel
4 Knoblauchzehen
4 Stängel glatte Petersilie
280 ml Reisessig
60 g Zucker
15 g Salz

1 Die Petersilienwurzeln putzen, schälen und längs in gleich dicke Sticks schneiden. Die Zwiebel und die Knoblauchzehen schälen. Die Zwiebel in 4 Scheiben schneiden und in jedes Glas eine dieser Scheiben auf den Boden legen.

2 Die Knoblauchzehen halbieren. Die Petersiliensticks aufrecht in die Gläser stellen, dabei so fest wie möglich stecken. Die Knoblauchhälften in Zwischenräume stecken. Die Petersilie waschen, trocken schütteln und ebenfalls in die Zwischenräume in den Gläsern schieben.

3 Den Essig mit 500 ml Wasser, Zucker und Salz zusammen aufkochen und 4 vorbereitete Gläser mit dem Sud aufgießen.

4 Die Gläser mit Gummiringen, Deckeln und Klammern verschließen und im Einkochautomat nach Herstellerangabe bei 90 °C 40 Minuten lang einkochen. Die Gläser auskühlen lassen und erst im völlig erkalteten Zustand die Klammern entfernen.

Erbsen
Pesto

ZUTATEN
FÜR 1 GLAS À 200 ML

500 g frische Erbsenschoten
(bzw. 200 g Erbsen)
1 Knoblauchzehe
6 kleine Salbeiblätter
1 TL frisch gepresster Zitronensaft
75 ml Olivenöl + ein wenig Olivenöl zum Bedecken des Pestos
1 kleine Prise Zucker
¾ TL Salz

1 Die Erbsenschoten waschen und die Erbsen auspalen; 200 g davon abmessen. Den Knoblauch schälen, in grobe Würfel schneiden und mit den Erbsen in ein hohes Gefäß geben. Die Salbeiblätter waschen, trocken schütteln und von den Stielen befreien.

2 Den Salbei mit den restlichen Zutaten dazugeben und alles mit einem Pürierstab fein pürieren. Das Pesto in ein vorbereitetes Glas abfüllen und etwas Öl darüberträufeln. Das Glas verschließen und bis zur Verwendung im Kühlschrank lagern. Zu Nudeln oder auf Brot servieren.

Tipps

Dieses Pesto lässt sich im Kühlschrank hervorragend einige Tage lagern. Dabei darauf achten, dass sich immer eine Schicht Olivenöl auf der Oberfläche befindet. Sollte es nicht so sein, einfach ein paar Tropfen Olivenöl daraufgeben. Das ist wichtig, damit das Pesto nicht austrocknet oder womöglich schimmelt.

Ach ja, das Pesto funktioniert selbstverständlich auch mit TK-Erbsen, aber am besten schmecken erfahrungsgemäß frisch geerntete Exemplare.

Minze
Pesto

**ZUTATEN
FÜR 1 GLAS À 100 ML**

40 Minzeblätter
2 Knoblauchzehen
3 Prisen Salz
5 EL Olivenöl + ein wenig Olivenöl zum Bedecken des Pestos
2 gehäufte EL gehackte Mandeln
3 gehäufte EL frisch geriebener Parmesan

1 Die Minzeblätter waschen und trocken tupfen. Die Blattstiele entfernen. Die Knoblauchzehen schälen und fein hacken.

2 Die Minze mit allen anderen Zutaten in ein schmales, hohes Gefäß geben und mit dem Pürierstab alles so lange zerkleinern, bis eine fein-cremige Masse entstanden ist. Das Pesto in ein vorbereitetes Glas füllen, etwas Öl auf die Oberfläche geben. Das Glas mit dem Deckel verschließen und im Kühlschrank lagern.

Tipp

Dieses Pesto lässt sich im Kühlschrank hervorragend einige Tage aufbewahren. Achten Sie bloß immer darauf, dass eine Schicht Olivenöl das Pesto bedeckt – sollte das nicht der Fall sein, einfach ein paar Tropfen Öl daraufgeben, sodass das Pesto nicht austrocknen kann oder womöglich sogar zu schimmeln anfängt.

Balsamico-Honig-Senf

ZUTATEN
FÜR 1 GLAS À 250 ML

20 g braune Senfsaat
30 g gelbe Senfsaat
30 g dunkler Balsamicoessig
30 g Orangenblütenhonig
1 Prise gemahlene Nelken
1 Prise gemahlener Zimt

1 Jeweils 10 g der braunen und gelben Senfsaat in einer elektrischen Gewürzmühle grob zerkleinern. Mit den restlichen ganzen Senfkörnern vermengen.

2 Essig und 40 ml Wasser mit dem Honig, der Senfmischung und den Gewürzen in einem Topf kurz aufkochen, dann abkühlen lassen.

3 Alles miteinander verrühren – die Mischung ist anfangs noch etwas flüssig, das ist normal. Den Senf in ein vorbereitetes Glas geben, verschließen und im Kühlschrank mindestens 3 Tage ziehen lassen. Der frisch hergestellte Senf ist zu Beginn noch ziemlich scharf und kräftig. Nach 2 Wochen Reifedauer hat er einen ausgewogenen Geschmack entwickelt.

Tipp

Dieser grobe Senf schmeckt hervorragend zu Weißwurst oder Leberkäse.

made by GLASGEFLÜSTER

Umami heißt das Zauberwort hinter geröstetem Knoblauch und Shiitake-Pilzen, die für einen wunderbar herzhaften Geschmack sorgen.

Zitronensenf
mit geröstetem Knoblauch

ZUTATEN
FÜR 1 GLAS À 100 ML

1 Knoblauchknolle
1 EL Olivenöl
½ Bio-Zitrone
2 TL Honig
30 g Senfmehl (gemahlene gelbe Senfsaat)

1 Den Backofen auf 220 °C vorheizen und ein Backblech mit Backpapier auslegen. Von der Knoblauchknolle oben waagrecht einen schmalen Deckel abschneiden, sodass alle Zehen ganz leicht angeschnitten sind. Die Schnittfläche der Knolle mit Olivenöl beträufeln und es etwas verstreichen. Die Knolle auf das Backblech setzen und auf der obersten Schiene im vorgeheizten Ofen 45 Minuten rösten, bis die Zehen weich sind. Damit die Knolle nicht zu dunkel wird, bei Bedarf mit einem Stück Alufolie abdecken. Die Knolle aus dem Ofen nehmen und abkühlen lassen, bis man sie gut anfassen kann.

2 In der Zwischenzeit die Schale der halben Zitrone abreiben (die ganze Frucht zuvor heiß waschen und trocken tupfen) und den Saft auspressen. In einem hohen Gefäß den Zitronensaft und -abrieb mit dem Honig und dem Senfmehl vermischen.

3 Mit der Hand die einzelnen Knoblauchzehen aus den Häuten herausdrücken und ebenfalls dazugeben. Alles mit dem Pürierstab fein pürieren und zu einer homogenen Masse verarbeiten. Den Senf in ein vorbereitetes Glas füllen und verschließen. Im Kühlschrank mindestens 3 Tage ziehen lassen. Nach 2 Wochen Reifedauer hat er einen ausgewogenen Geschmack entwickelt, am Anfang schmeckt er eher scharf. Im Kühlschrank aufbewahrt ist der Senf ca. 6 Monate haltbar.

Aprikosen
Senf

ZUTATEN
FÜR 1 GLAS À 250 ML

70 g gelbe Senfsaat
10 g gemahlene Senfsaat (Senfpulver)
120 ml Apfelessig
2 Aprikosen
1 Knoblauchzehe
1 EL Zucker
¼ TL Kurkumapulver
¼ TL Salz

1 Senfsaat, Senfpulver und Essig in einer verschließbaren Schüssel miteinander vermengen und mit aufgesetztem Deckel bei Zimmertemperatur eine Nacht quellen lassen. Alternativ bei Verwendung einer normalen Schüssel ohne Deckel ein sauberes Tuch darüberbreiten.

2 Am nächsten Tag die Aprikosen waschen, halbieren und entsteinen. Den Backofen mit der Grillfunktion auf 275 °C vorheizen und ein Backblech mit Backpapier auslegen. Die Aprikosenhälften darauflegen und etwa 8 Minuten auf der obersten Schiene anrösten. Darauf achten, dass sie nicht anbrennen!

3 Kurz auskühlen lassen, dann die Haut vom Fruchtfleisch lösen, indem man sie leicht zwischen den Fingern zusammendrückt. Den Knoblauch schälen und fein würfeln. Alle Zutaten mit Senf-Essig-Gemisch vermengen und mit einem Pürierstab fein pürieren.

4 Den Senf in ein vorbereitetes Glas füllen und das Glas verschließen. Den Senf im Kühlschrank aufbewahren und mindestens 3 Tage ziehen lassen. Der Senf hat speziell anfangs einen ziemlich scharfen und kräftigen Geschmack. Nach 2 Wochen Reifedauer ist er dann milder und schmeckt ausgewogener.

Tipps

Wenn Sie kein Senfpulver bekommen, können Sie ebenso gut Senfsaat nehmen und diese in einer elektrischen Gewürzmühle (ich verwende eine gereinigte Kaffeemühle) fein mahlen.

Generell wird Senf immer milder, je länger er ziehen darf. An den ersten zwei Tagen ist er enorm scharf! Lassen Sie ihn ruhig zwei Wochen reifen.

1/4 tsp ~ 1 ml

Bärlauch
Salz

ZUTATEN
FÜR 1 GLAS À 250 ML

1 Bund Bärlauch
250 g grobes Meersalz

1 Den Bärlauch waschen und die Blätter gründlich trocken tupfen. Grobe Stiele entfernen. Mit einem Pürierstab oder in einem Multizerkleinerer den Bärlauch zu einem feinen Mus pürieren. Das Salz mit dem Bärlauchmus vermengen. Ein Backblech mit Backpapier belegen und die Masse so dünn wie möglich darauf verstreichen. Im Backofen bei 100 °C etwa 1 Stunde trocknen.

2 Prüfen, ob das Salz wirklich komplett trocken ist. Ist dies noch nicht der Fall, das Salz vom Backpapier ablösen und die einzelnen »Brocken« wenden. Das Salz weiterbacken, bis es durch und durch trocken und von bröseliger Konsistenz ist.

3 Das Salz komplett auskühlen lassen. In ein vorbereitetes Glas geben und gut verschließen. Kühl und dunkel lagern.

Tipp
Das Salz in eine Salzmühle füllen und über die Speisen mahlen. Wer es gerne noch feiner mag, der kann das Salz – so wie ich – in einer Gewürzmühle (z. B. in einer umfunktionierten elektrischen Kaffeemühle) ganz fein mahlen, in ein Döschen füllen und sich nach Bedarf bedienen.

椎茸

Shiitake
Salz

ZUTATEN
FÜR 1 GLAS À 250 ML

14 g getrocknete Shiitake-Pilze
50 g Meersalz
6 schwarze Pfefferkörner

1 Von den Pilzen einen beiseitelegen. Alle anderen Shiitake-Pilze in einer Gewürzmühle ganz fein mahlen. Das Salz und die Pfefferkörner hinzufügen und zusammen mit den Pilzen mahlen. Die Mischung in eine Schüssel füllen.

2 Den beiseitegelegten Pilz in die Gewürzmühle geben: Nicht ganz so fein mahlen, sodass sich später noch ein paar kleine Pilzkrümel im Gewürzsalz befinden. Das Pilzpulver unter die Salzmischung rühren. Das Shiitake-Salz in ein vorbereitetes Glas füllen und das Glas verschließen.

Tipp

Shiitake-Pilze tragen sehr viel vom natürlichen Umami-Geschmack in sich, der von natürlich auftretenden Glutamaten stammt. Umami ist die fünfte Geschmacksrichtung neben süß, sauer, salzig und bitter. Mit dem Shiitake-Salz kann man fast allen herzhaften Speisen »Schmackhaftigkeit« (dt. Übersetzung von japanisch umami*) verleihen!*

Gekörnte Gemüsebrühe

ZUTATEN
FÜR 4–5 GLÄSER À 150 ML

1 große Stange Lauch
3 dicke Möhren
1 kleiner Knollensellerie
3 Knoblauchzehen
je 1 Bund glatte und krause Petersilie
1 Bund Liebstöckel
2 gehäufte EL getrocknete Pilze (gemischt oder Shiitake)
40 g getrocknete Tomaten
250 g Salz

1 Den Lauch putzen, waschen und in 1 cm dicke Scheiben schneiden. Die Möhren putzen, schälen, waschen und ebenfalls in 1 cm dicke Scheiben schneiden. Den Sellerie schälen, waschen und in grobe Stücke schneiden. Die Kräuter waschen, trocken schütteln und die Blätter abzupfen.

2 Gemüse und Kräuter portionsweise in einem Multizerkleinerer möglichst fein hacken. Die getrockneten Pilze und Tomaten darin ebenfalls fein hacken.

3 Alles mit dem Salz vermengen und homogen vermischen. Zwei Backbleche mit Backpapier auslegen. Die Masse ganz dünn daraufstreichen. Im Backofen bei 100 °C (Umluft) 7–8 Stunden trocknen, dabei einen Holzkochlöffel in die Backofentür klemmen. Alternativ die Masse auf mehrere Lagen Backpapier streichen und nach Geräteanleitung in einem Dörrautomaten trocknen. Auskühlen lassen.

4 Die beim Trocknen entstandenen Platten in einer elektrischen Gewürzmühle oder im Multizerkleinerer fein mahlen. Das Pulver in vorbereitete Gläser füllen und diese gut verschließen. Trocken und lichtgeschützt aufbewahren.

Tipp
Man kann die Masse auch bereits vor dem Trocknen verwenden – als Würzpaste. Dafür einfach in vorbereitete Gläser füllen und im Kühlschrank aufbewahren.

haftes Herz aus der Flasche

ESSIG, ÖL & WÜRZSAUCEN

Schnittlauch-Blüten-Essig

ZUTATEN
FÜR 1 FLASCHE À 500 ML

30 Schnittlauchblüten
500 ml weißer Reisessig

1 Von den Schnittlauchblüten eventuell vorhandene Stiele abschneiden (direkt unterhalb der Blüte). Die Blüten waschen und mit einem Küchenhandtuch gründlich trocken tupfen.

2 Die Blüten in eine verschließbare Flasche geben und mit dem Essig aufgießen. Die Flasche verschließen und das Ganze 5 Tage stehen lassen, gelegentlich schütteln.

3 Den Essig durch ein Sieb in eine Schüssel abseihen, in eine vorbereitete Flasche füllen und gut verschließen.

Tipp

Selbstverständlich kann man hier auch einen anderen Essig verwenden. Ein Weißweinessig zum Beispiel macht sich ebenso gut. Die schöne, rosa Farbe erhält man allerdings nur, wenn der Essig so farbneutral wie möglich ist – daher passt der weiße Reisessig (den man im Asialaden oder im gut sortierten Supermarkt erhält) hervorragend!

made by GLASGEFLÜSTER

MADE IN ITALY

Schnittlauchblüten sind nicht nur dekorativ, sondern schmecken auch gut. Sie haben einen milderen Geschmack als die Halme der Pflanze.

WECK

Blaubeer-Essig
mit Basilikum

ZUTATEN
FÜR 1 FLASCHE À 400 ML

125 g Blaubeeren
3 große Stängel frisches Basilikum
400 ml Weißweinessig

1 Die Blaubeeren in ein Sieb geben, waschen und gründlich trocken tupfen. Das Basilikum abbrausen und ebenfalls gründlich trocken tupfen. Zuerst die Blaubeeren, dann das Basilikum in eine Flasche geben und mit einem Stößel oder Löffel alles leicht andrücken, sodass der Saft austritt. Mit dem Weißweinessig auffüllen. Die Flasche gut verschließen und an einem dunklen Ort 2 Wochen ziehen lassen.

2 Den Essig durch ein feinmaschiges Sieb abseihen. Sollten sich noch Schwebeteilchen in der Flüssigkeit befinden, zusätzlich noch einmal durch einen Kaffeefilter abseihen.

3 Die Flasche auswaschen und vollständig abtrocknen. Den Blaubeer-Basilikum-Essig in die Flasche zurückfüllen. Die Flasche verschließen und an einem kühlen, dunklen Ort aufbewahren.

Tipp
Basilikum sollte immer etwas »angedrückt« werden, um sein Aroma richtig entfalten zu können. Statt einen Stößel zu verwenden, können Sie die Blätter auch auf die Handfläche legen und mit der anderen flachen Hand darauf klatschen. Sofort steigt einem der wundervolle Geruch in die Nase!

Zitronen-Öl
mit Rosmarin

ZUTATEN
FÜR 1 FLASCHE À 250 ML

2 Stängel Rosmarin
1 Bio-Zitrone
250 ml natives Olivenöl extra

1 Den Rosmarin waschen und gründlich trocken tupfen. Die Zitrone heiß waschen und trocken tupfen. Die Schale mit einem scharfen Messer ganz fein abschneiden, ohne dabei das weiße Schaleninnere mitzunehmen. Rosmarin und Zitronenschale in eine sterilisierte Flasche geben und mit dem Olivenöl aufgießen.

2 Die Flasche verschließen und an einem kühlen, dunklen Ort 4 Wochen ziehen lassen.

3 Das Öl durch ein feines Sieb abseihen und in eine saubere Flasche füllen.

Tipp
Das Öl macht sich hervorragend in Salatsaucen und Dips!

made by GLASGEFLÜSTER

Curry Öl

ZUTATEN
FÜR 1 FLASCHE À 250 ML

½ TL Gewürznelken
4 Pimentkörner
1 Kurkumawurzel (ca. 3 cm lang)
½ TL gemahlener Kreuzkümmel
½ TL gelbe Senfsaat
2–3 kleine Stückchen getrocknetes Zitronengras (Asialaden)
1 TL Koriandersamen
250 ml neutrales Öl (z. B. Raps-, Erdnuss- oder Sonnenblumenöl)

1 Alle Gewürze in einer Pfanne ohne Öl anrösten, bis sie zu duften beginnen.

2 Die Gewürze auf einen Teller geben und lauwarm abkühlen lassen. In eine vorbereitete Flasche füllen, das Öl hineingießen und die Flasche verschließen.

3 Das Curry-Öl 3–4 Wochen ziehen lassen. Dann durch einen Kaffeefilter oder ein Passiertuch abseihen und in eine saubere Flasche abfüllen.

Tipp
Das Öl lässt sich hervorragend zum Dippen für selbst gebackenes Fladenbrot oder als aromatische Zutat in exotischen Salatsaucen verwenden.

Hausgemachter Ketchup

ZUTATEN
FÜR 4 FLASCHEN À 500 ML

3 kg Flaschentomaten
100 ml Balsamicoessig
275 ml Weißweinessig
2 rote Zwiebeln
4 Knoblauchzehen
300 g Tomatenmark
5 TL Worcestersauce
95 g Muscovado-Zucker
115 g weißer Zucker
1 TL rosa Pfefferbeeren
¼ TL gemahlener Zimt
2 ½ TL Salz
2 TL gemahlene Senfsaat
(Senfpulver)
3 TL edelsüßes Paprikapulver

1 Die Tomaten waschen, vom Strunk befreien und achteln. Die Würfel in einen großen Topf geben, Balsamico- und Weißweinessig dazugeben und alles aufkochen. 20 Minuten unter Rühren köcheln lassen, bis die Tomaten völlig zerkocht sind. Die Masse durch eine Flotte Lotte drehen. Falls immer noch Kerne enthalten sind, die Masse eventuell noch mal durch ein feineres Sieb passieren.

2 Den Knoblauch schälen und hacken. Die Zwiebeln schälen und würfeln. Vom entstandenen Mus 3 Liter abmessen und mit allen restlichen Zutaten aufkochen. Ohne Deckel köcheln lassen, dabei öfter umrühren, bis die Konsistenz dickflüssig – etwas dünner als handelsüblicher Ketchup – ist, das dauert ca. 45–60 Minuten. Der Ketchup dickt beim Erkalten noch etwas nach.

3 Den Ketchup in vorbereitete Flaschen abfüllen und diese sofort verschließen. Der Ketchup hält sich im Kühlschrank einige Wochen. Wer ihn jedoch länger aufbewahren möchte, verwendet Einkochflaschen und kocht den Ketchup nach den Angaben des Herstellers bei 100 °C noch einmal 40 Minuten lang ein.

Tipp

Wussten Sie, dass rosa Pfeffer in Wirklichkeit gar nicht zu den Pfeffersorten zählt? Es handelt sich um die getrocknete Frucht eines Baumes aus Südamerika. Er gibt diesem Ketchup sein besonderes, fruchtiges Aroma.

Barbecue
Sauce

ZUTATEN
FÜR 3 FLASCHEN À 250 ML

10 g frischer Ingwer
4 Knoblauchzehen
1 Zwiebel (ca. 100 g)
2 EL Olivenöl
110 g Tomatenmark
700 g passierte Tomaten
75 ml Apfelessig
45 ml Ahornsirup
1 EL Zuckerrübensirup
je 4 TL Worcester- und Sojasauce
Saft von 1 Bio-Zitrone
1 TL Tabasco
6 EL brauner Zucker
⅓ TL Salz
1 ½ TL geräuchertes Paprikapulver
1 TL gemahlener Koriander
1 ½ TL gemahlene Senfsaat (Senfpulver)
1 ½ TL gemahlener Kreuzkümmel

1 Ingwer und Knoblauch schälen und ganz fein würfeln. Die Zwiebel ebenso schälen und in feinste Würfel schneiden.

2 Das Öl in einem Topf erhitzen. Ingwer, Knoblauch und Zwiebel darin glasig dünsten. Dann das Tomatenmark dazugeben und unter ständigem Rühren 1 Minute anrösten. Mit dem Tomatenpassata ablöschen und alle übrigen Zutaten hinzufügen. Alles gut verrühren und aufkochen. Etwa 10–15 Minuten köcheln lassen, bis die Konsistenz saucenartig eingedickt ist. Mit dem Pürierstab fein durchpürieren.

3 Die Barbecue-Sauce in vorbereitete Flaschen füllen und diese mit Gummiringen, Deckeln und Klammern verschließen. In einen Einkochautomaten stellen und nach Herstellerangabe 30 Minuten bei 100 °C einkochen. Die Flaschen herausnehmen und abkühlen lassen. Die Klammern erst entfernen, wenn die Flaschen komplett ausgekühlt sind.

4 Alternativ die Sauce in Twist-off-Flaschen füllen und verschließen (die Haltbarkeit der Sauce ist hier möglicherweise geringer).

Tipp

Geräuchertes Paprikapulver erhält man in spanischen oder portugiesischen Lebensmittelgeschäften bzw. im Onlinehandel. Auch immer mehr Supermärkte führen das Gewürz (oft finden Sie es in den Spezialitätenabteilungen).

Saisonkalender

OBST	JANUAR	FEBRUAR	MÄRZ	APRIL	MAI
Äpfel					
Aprikosen					
Birnen					
Brombeeren					
Cranberrys					
Feigen					
Heidelbeeren					
Himbeeren					
Holunderbeeren					
Holunderblüten					
Johannisbeeren					
Nektarinen					
Orangen					
Pflaumen & Zwetschgen					
Preiselbeeren					
Quitten					
Rhabarber					
Sauerkirschen					
Süßkirschen					
Weintrauben					
GEMÜSE					
Bärlauch					
Blumenkohl					
Bohnen/Erbsen					
Brokkoli					
Champignons					
Fenchel					
Gurken					
Knoblauch					
Kürbis					
Lauch-/Frühlingszwiebeln					
Paprika					
Pastinaken					
Petersilienwurzel					
Porree (Lauch)					
Rhabarber					
Spitzpaprika					
Tomaten					
Zucchini					

JUNI
JULI
AUGUST
SEPTEMBER
OKTOBER
NOVEMBER
DEZEMBER

Buchtipps

Sie haben Spaß am Einkochen, Aufsetzen und Einmachen gefunden? Dann möchte ich Ihnen gerne noch ein paar andere Bücher ans Herz legen – hier finden Sie weitere Anregungen:

Die Einkochbibel, von Ulrich Jakob Zeni. Löwenzahn Verlag, 2013.

Delikatessen-Manufaktur, ZDF Fernsehgarten, von Jeanette Marquis. BLV Verlag, 2015.

Weck-Einkochbuch, Weck Verlag, 25. Aufl.

Würzig, von Caroline Dafgard Widnersson. Hädeke Verlag, 2016.

Vorrat halten, von Hildegard Rust. Knürr Verlag, 2011.

Folgende Bücher gibt es leider bisher nur auf Englisch – ich liebe sie dennoch, weil hier auch mal etwas andere Rezepte gezeigt werden:

Preserving by the pint, von Marisa McClellan. Running Press, 2014 (ISBN 978-0-7624-4968-2).

Canning for a new generation, von Liana Krissoff. Stewart Tabori & Chang, 2016 (ISBN 978-1-58479-864-4).

Bezugsquellen

Gläser

Klassische **Weckgläser** kaufe ich direkt bei *Weck* im Onlineshop: www.shop-weck.de. Dort bekommt man auch einen tollen Einkochautomaten und diverses anderes Zubehör.

Auch Rexglas führt die »Klassiker« unter den Gläsern: www.rexglas.at.

Die amerikanischen **Ball Mason Jars** gibt es bei *American Heritage:* www.american-heritage.de.

Alle anderen **Gläser bzw. Flaschen** kauft man am besten bei *Gläser und Flaschen:* www.glaeserundflaschen.de.

Einen tollen Store hat in meinen Augen auch *Einkochzeit:* www.einkochzeit.de. Hier findet man Gläser und Gerätschaften, aber auch Dekoartikel.

Etiketten

Im Internet gibt es viele Quellen für **Einmachetiketten**. Folgende Blogs haben echt schöne **Vorlagen** zum einfachen Ausdrucken: www.feiertaeglich.de sowie www.hauptstadtgarten.de/etiketten. Auf dieser englischsprachigen Seite kann man sogar ganz hübsche Etiketten selbst erstellen: www.jamlabelizer.com.

Wer lieber fertige Etiketten kaufen möchte, wird sehr wahrscheinlich auch bei Ikea fündig oder geht ins nächste Schreibwarengeschäft – auch dort sind oft sehr hübsche Aufkleber zu bekommen. Online sind bei www.dawanda.de immer schöne Angebote in allen Formen und Farben zu finden – einfach nach »Einmachetiketten« suchen.

Zutaten und ihre Verarbeitung

Gewürze kaufe ich gerne bei Gewürzständen auf dem Markt oder im Asia Shop, aber ich kann auch guten Gewissens *Pfeffersack & Soehne* (www.pfeffersackundsoehne.de) oder *Zauber der Gewürze* (www.zauberdergewuerze.de) empfehlen.

Als **Gewürzmühle** verwende ich übrigens eine elektrische Kaffeemühle. Diese gibt es zum Beispiel von Bosch, Melitta, Rommelsbacher oder auch Clatronic in allen Güte- und Preisklassen.

Agar-Agar und **andere alternative Geliermittel** erhält man in gut sortierten Bioläden oder Reformhäusern. Meine Lieblinge sind da zum Beispiel Alnatura oder auch denn's Biomarkt.

Ich kann nur dazu raten, **Obst** und **Gemüse** immer frisch auf dem Markt oder zumindest im Bioladen zu kaufen. Wer einen eigenen Garten besitzt, hat natürlich den Heimvorteil!

Rezept- und Stichwortverzeichnis

Kursiv gedruckte Begriffe und Seitenzahlen beziehen sich auf Warenkunde, Küchenpraxis bzw. Grundlagen.

Danke

Dies ist mein erstes Buch, von dem ich schon so lange geträumt habe. Nun ist der Traum wahr geworden und das wäre ohne einige Menschen nicht möglich gewesen. Darum würde ich gerne ein dickes Dankeschön an einige Personen richten:
An meinen Mann und unseren Sohn, die dieses Jahr so einige Wochenenden alleine unterwegs waren, um meinem Küchenchaos zu entgehen.
An meine Mama, ohne die ich diese Einkochleidenschaft wahrscheinlich nicht schon in meiner Jugend entdeckt hätte. Auch an meinen Papa, der mir zu jeder Tages- und Nachtzeit die dümmsten Fragen zu meiner Kamera beantwortet.
An alle Freundinnen, die bei Fragen nach einer Verabredung oft »Du weißt doch – ich muss was fürs Buch tun« zu hören bekamen, dafür aber auch gerne die gefüllten Gläschen entgegennahmen, die sich im Laufe der Produktion so angesammelt haben …
Und zum Schluss an alle Freundinnen, Kollegen und Nachbarn, die mir teilweise mit größtem Einsatz Schnittlauchblüten, Rhabarber, Quitten und Ähnliches zur Verfügung gestellt haben!
Ihr seid alle toll – danke!

Über die Autorin

Britta Gädtke, geboren in Cuxhaven an der Nordseeküste, wohnt heute mit ihrem Mann und ihrem Sohn in der Nähe von Hannover. Als Ausgleich zu ihrem kaufmännischen Beruf begann sie 2011 über ihr Hobby zu bloggen – das Einkochen und Einmachen. Bis heute hat sich ihr Blog *Glasgeflüster* zu einer großen Sammlung an Rezepten entwickelt, die sich alle um das Thema Haltbarmachen im weitesten Sinne drehen. Und jede Woche wächst die Sammlung weiter. Lassen Sie sich inspirieren unter www.glasgefluester.de

Impressum

Bibliografische Information der Deutschen Nationalbibliothek

Die Deutsche Nationalbibliothek verzeichnet diese Publikation in der Deutschen Nationalbibliografie; detaillierte bibliografische Daten sind im Internet über http://dnb.d-nb.de abrufbar.

BLV Buchverlag GmbH & Co. KG
80636 München

Bildnachweis
Alle Bilder von Britta Gädtke,
Bild auf Seite 6: privat

Umschlagkonzeption und -gestaltung: BLV-Verlag
Umschlagfotos:
Titelbild: Raquel Carmona
Rückseite: Britta Gädtke

Lektorat: Stella Rahn
Herstellung: Angelika Tröger
Layoutkonzept Innenteil: Julia Romeiß, München
Layout/DTP: Uhl + Massopust GmbH, Aalen

Gedruckt auf chlorfrei gebleichtem Papier

Printed in Germany
ISBN 978-3-8354-1676-5

Hinweis
Das vorliegende Buch wurde sorgfältig erarbeitet. Dennoch erfolgen alle Angaben ohne Gewähr. Weder Autorin noch Verlag können für eventuelle Nachteile oder Schäden, die aus den im Buch vorgestellten Informationen resultieren, eine Haftung übernehmen.

made by GLASGEFLÜSTER